Der Wassergarten

Inhalt

Vorwort

Meldungen über Krisen machen täglich die Runde. Stress im Berufsleben, negative Erfahrungen im Privatbereich und krankmachende Belastungen durch die Umwelt sind die häufigsten Ursachen gesundheitlicher Störungen. Wie wichtig ist es da geworden, einen Rückzugsort für die Seele zu haben, einen Platz an dem man durch Selbstbesinnung und Meditation zurückfindet zur inneren Ruhe. An dem man durch die alles erneuernde Kraft der Natur lernt, selber auch wieder neue Kraft zu schöpfen.

Durch Überlieferungen wissen wir, dass es seit Menschengedenken – ja selbst seit Adam und Eva – einen zentralen Punkt in unserer unmittelbaren Umgebung und Erlebnissphäre gibt, der das alles erfüllt: Unser Garten.

Sei es nun der große Garten, der unser Haus umschließt, der kleine Vorgarten oder das Blumenbeet, das unseren Eingang säumt – der Balkon-, Terrassen- oder Zimmergarten, der unsere Wohnung ziert, eines haben sie alle gemein: sie sind der wichtigste Lebensraum, den die Natur für uns bereithält, eine Oase im Alltag, eine eigene ganz private Welt, um durchzuatmen, abzuschalten und mit allen Sinnen zu genießen.

Garten ist der Inbegriff von Lust und Freude – und das bedeutet Glücklichsein. Wer dieses Hobby für sich entdeckt hat und ständig erlebt, welche Freude es bereitet, aufkeimende Saat wachsen zu sehen um am Ende die Früchte seiner Arbeit ernten zu können, hat ihn gefunden, den Weg zum Glücklichsein. Der Ratgeber, den sie hier in Händen halten, ist Teil einer mehrbändigen Reihe einzelner Themen. Er soll ihnen dabei helfen, dieses Glück zu erleben.

Meinem verlegerischen Entschluss, ein solch umfangreiches Kompendium herauszugeben, ging die erklärte Absicht voraus, das sehr weit reichende und umfassende Gebiet der Blumen- und Gartenpraxis in einer Vielzahl von einzelnen Themenbüchern darzubieten. Dem Leser sollte somit die Möglichkeit geboten werden, sich ausschließlich mit den Inhalten befassen zu können, die ihn interessieren und mit denen er sich gezielt auseinandersetzen möchte. Dass dies in einer preiswerten Form möglich sein musste, die gleichzeitig zum Sammeln der Bände motiviert, war für mich eine weitere Maxime.

Ich wünsche ihnen viel Freude an diesem Ratgeber und viel Erfüllung bei der Gartenarbeit,

Ihr

Siegfried Lapawa

Zu besonders hoher Kunst haben die Chinesen und später die Japaner das Anlegen von Wassergärten gebracht

Gestaltung von Wassergärten

Traumhafte Wasser-gärten

Gärten mit künstlich angelegten Teichen, Wasserspielen und munter plätschernden Bachläufen erfreuen sich immer größerer Beliebtheit. Die Faszination des Wassers zieht die Menschen in ihren Bann. Sie sehen im Wasser ein Symbol für Leben und Kraft

Die Symbolkraft des Wassers in den Kulturen

Schon in den alten Hochkulturen hatte das Wasser eine große Bedeutung. Quellen galten oft als heilige Orte. In der Gartenbaukunst der Griechen, Römer und vor allem der Mauren spielte Wasser eine zentrale Rolle. Auch die fernöstlichen Kulturen kennen kunstvoll gestaltete Wassergärten schon seit Jahrtausenden. Die frühen chinesischen Gartenbaumeister bemühten sich, die natürliche Landschaft im Garten so exakt wie möglich nachzuahmen. Im Mittelpunkt stand dabei das Prinzip von Yin und Yang. Man versuchte, durch ein ausgeklügeltes Positionieren

Die japanische Gartengestaltung hat eindeutige chinesische Ursprünge. Die Form der Wasserflächen und die Kombination mit Brücken, Trittsteinen sowie Pflanzen folgen strengen Regeln

Für einen naturnah angelegten Teich genügt schon eine kleine Ecke des Gartens. Selbst ein hübsch bepflanzter Bottich macht Balkon oder Terrasse zu einem Wassergarten

von Steinen und Pflanzen Gleichgewicht und Harmonie bei der Gartengestaltung zu erreichen. Ab dem 3. Jahrhundert n. Chr. gab es ein genau festgelegtes Muster, nach dem der fernöstliche Garten angelegt werden musste: ein See mit einer Insel, Holzbrücken, Trittsteine und die passende Bepflanzung.

Wassergärten sprechen die Sinne an

Wasserflächen im Garten ziehen automatisch den Blick des Betrachters auf sich. Die Spiegelungen in der glatten Oberfläche, das Spiel der Wellen bei Wind, die konzentrischen Kreise rund um einen Springbrunnen bieten optische Reize. Das leise Plätschern eines Wasserspiels oder eines künstlich angelegten Bachlaufs ist Balsam für lärmgeschädigte Ohren. Man kann dabei herrlich entspannen und dem Alltag entfliehen. Nicht zuletzt reizt der Wassergarten dazu an, die Hände oder Füße ins kühlende Nass einzutauchen und sich einem ganz ursprünglichen Naturerlebnis hinzugeben. Um den Erholungswert eines Wassergartens genießen zu können, bedarf es keiner großen Wasserflächen. Wer nur einen Balkon oder eine Terrasse besitzt, kann einen Kübel oder Bottich aufstellen, ihn mit Schilf oder Seerosen bepflanzen und vielleicht sogar einen kleinen Wasserspeier mit Miniaturpumpe anschließen. Gartenbesitzer müssen nur eine Ecke von wenigen Quadratmetern Fläche umgestalten, um z. B. einen kleinen Teich mittels einer vorgefertigten Wanne einzulassen oder ihn individuell geformt aus Folie anzulegen.

Wenn sich Kois vermehren, ist das Teichbecken im Nu regelrecht übervölkert

Wasser ist ein vielfältiger Lebensraum

Es dauert nicht lange, dann wird selbst der kleinste Wassergarten zum Anziehungspunkt für zahlreiche Tiere. Vögel benutzen kleine Teiche sehr gern als Tränke und nehmen im flachen Uferbereich ein Bad. Im Wasser entwickeln sich unzählige Kleinstlebewesen wie Insektenlarven oder Wasserflöhe. Auf der Oberfläche sind schon bald Wasserläufer zu beobachten, und Libellen umschwirren das Ganze mit der ihnen eigenen Grazie. Der Wassergarten ist ein vielgestaltiger Lebensraum, der jeden Tag aufs Neue zum Beobachten einlädt. Wer sich hierher zurückzieht, findet seine kleine Oase, in der man den Alltagsstress im Nu abstreift.

Die Pflanzenwelt des Wassergartens

Zahlreiche Pflanzen, an denen der Gartenliebhaber besondere Freude hat, gedeihen im und am Wasser. Schon aus diesem Grund ist zumindest ein kleines Seerosenbecken für jeden Gärtner aus Leidenschaft ein unbedingtes Muss. Wer über ein Gewächshaus verfügt, in dem empfindliche Wasserpflanzen frostfrei überwintern können, kann sogar exotische Seerosen oder prächtige Lotusblumen erfolgreich kultivieren. Ein möglichst sonniger Gartenteich dient dann als Sommerquartier. Doch auch die heimische Wasserpflanzenwelt bietet zahlreiche attraktiv blühende Arten: von der leuchtend gelben Sumpfdotterblume über die Schwertlilie bis hin zum rosa Wasserknöterich.

INFO
Der Koi-Teich

Wer sich für die als Kois bekannten japanischen Zierkarpfen begeistert, muss einen möglichst großen Teich anlegen. Damit die farbenprächtigen Fische gut zu sehen sind, ist klares Wasser erforderlich. Dazu müssen Sie in der Regel eine leistungsstarke Filteranlage mit Umwälzpumpe installieren, da die Ausscheidungen der Tiere sonst eine Überdüngung des Wassers mit entsprechender Algenbildung herbeiführen. Kois werden schon nach kurzer Zeit handzahm.

Üppiges Grün an den Ufersäumen, prächtige Seerosen auf der Wasserfläche – so präsentiert sich ein fachgerecht bepflanzter Teich. Exotische Seerosen wie im kleinen Bild setzt man samt Pflanzkübel in den Teich und lässt sie im frostsicheren Gewächshaus überwintern.

Der Reiz des bewegten Wassers

Um Leben in die sonst still ruhende Wasserfläche eines Gartenteichs zu bringen, werden sehr häufig Wasserspeier, Springbrunnen etc. installiert. Man liebt den Reiz des bewegten Wassers, das fließt und plätschert, als Fontäne in die Höhe steigt oder sanft sprudelnd aus einem Quellstein hervordringt. Ein Quellstein kann im Randbereich eines größeren Teiches platziert werden, lässt sich aber auch in ein kleines mit Steinen kaschiertes Auffangbecken setzen, in dem das Wasser einen ständigen Kreislauf beschreibt. Wasserspeier am Teich sorgen für eine kontinuierliche Umwälzung, die gleichzeitig für eine Anreicherung mit Sauerstoff sorgt. In den Kreislauf können Sie bei Bedarf auch noch Filter integrieren, die das Teichwasser von Schwebstoffen und überschüssigen Nährstoffen befreien. Man sollte aber beachten, dass manche Fische sowie Teich- und Seerosen keine ständige Beregnung durch einen Wasserspeier oder einen Springbrunnen mögen. Die

Wasserspeier können wahre Kunstwerke sein, wie der Flötenspieler auf dem oberen Bild beweist

Die zierliche Figur dient als Wasserspeier für den darunter liegenden Teich

Wasserfälle und Bachläufe erzeugen die perfekte Illusion eines natürlichen Gewässers, das kontinuierlich durch Frischwasser gespeist wird

natürlichste Form des bewegten Wassers erzielen Sie durch Anlegen eines kleinen Wasserfalls oder eines Bachlaufs, der in den Teich mündet. In beiden Fällen muss das Teichwasser zu einem erhöht liegenden Quellteich oder einer Schale gepumpt werden, von wo aus es über eine aus Folie oder speziellen Formteilen hergestellte Rinne zum Teichrand fließt. Dabei darf kein Wasser versickern. Allein die Verdunstung sorgt schon für Verluste, die im Sommer kontinuierlich ausgeglichen werden müssen. Ein Bachlauf filtert aber auch das Wasser und verbessert so seine Qualität.

Quellsteine lassen sich mit einem Teich kombinieren, jedoch auch als separates Element anlegen

Die Planung eines Wassergartens sollte sich an gelungenen Beispielen orientieren. Dieses Buch bietet dazu zahlreiche Anregungen

Planen und Anlegen

Von der Idee zur Umsetzung

Am Anfang steht das Sammeln von Ideen und Eindrücken. Beispiele gelungener Wassergärten werden als Vorbilder genutzt und entsprechend den jeweiligen Gegebenheiten abgewandelt. So reift schließlich das Konzept für den eigenen Wassergarten

Fachgerechte Planung eines Wassergartens

Der eigene Garten ist für viele ein kleines, aber dafür schnell zugängliches Erholungsgebiet vom oft stressigen Alltag. Aus diesem Grund sollte die Gestaltung des Fleckchen Grüns hinterm Haus gut überlegt sein. Lagen noch bis vor wenigen Jahren in erster Linie steril wirkende englische Rasenflächen und unkrautfreie Rabatten im Trend, so setzen sich heute immer mehr naturnahe Gärten mit Wildblumenwiesen oder Teichen und künstlich angelegten Bachläufen durch. In solchen ökologisch angelegten Gärten fühlt sich nicht nur der Mensch wohl, sie stellen darüber hinaus auch einen Anziehungspunkt für viele Tiere dar. Der gute Hobbygärtner zeichnet sich heute nicht mehr dadurch aus, dass er seinen Garten unkraut- und schädlingsfrei hält, sondern es sollte ihm gelingen, auf einer noch so kleinen Fläche möglichst vielen

Ein großzügig dimensionierter und sehr naturnah angelegter Teich an einem frei stehenden Einfamilienhaus. Mehrere Holzterrassen auf Stahlunterkonstruktion ragen über die Wasserfläche hinaus

heimischen Pflanzen und Tieren ein Zuhause zu geben. Wird ein Garten von Singvögeln, Schmetterlingen oder Hummeln aufgesucht, ist dies ein sicheres Zeichen dafür, dass eine naturnahe Gestaltung gelungen ist. Und ein Platz, an dem sich die heimischen Tiere wohl fühlen, bietet letztlich auch dem Menschen die beste Erholung.

Wasserflächen müssen zum Grundstück passen

Form und Größe der Wasserflächen müssen bei der Planung eines Wassergartens auf das jeweilige Grundstück zugeschnitten sein, damit eine harmonische Anlage entsteht. Bei einem frei stehenden Haus mit großem Gartengrundstück, wie auf den Bildern der linken Seite gezeigt, lässt sich ein Teich anlegen, der fast die ganze Grundstücksbreite beansprucht, ohne dass die Proportionen gestört wären. Über die Wasserfläche hinausragende Terrassen sorgen hier für einen unmittelbaren Kontakt zum Teich. Steht dagegen nur ein Reihenhausgrundstück zur Verfügung, muss man wesentlich zurückhaltender planen. Dennoch ist auch in diesem Fall eine harmonische Lösung möglich, bei der Wasser das dominierende Gestaltungselement darstellt. Die Zeichnung rechts zeigt, wie ein Wassergarten auf engem Raum angelegt werden kann. Das so genannte ökologische Gleichgewicht lässt sich allerdings in einem größeren Teich stets leichter erzielen als in einem kleineren. Wenn es die Größe des Grundstücks erlaubt, sollte man das Gewässer so anlegen, dass die Oberfläche mindestens 12 m^2 umfasst, wobei die maximale Tiefe einen Meter oder mehr betragen sollte. Ein Teich dieser Größe besitzt eine relativ stabile Temperatur und ist meist auch in der Lage, sich selbst zu reinigen.

An die aus Holz gebaute Terrasse schließt sich hier ein lang gestreckter, durch einen Steg geteilter rechteckiger Teich an, der die ganze rechte Gartenhälfte bedeckt. Links von der Terrasse wurde ein Quellstein vorgesehen. Der 6 m breite Garten ist etwa 13 m lang

Sollte ihr Teich-Projekt aber deutlich umfangreicher ausfallen, ist unter Umständen eine Genehmigung notwendig. Ab einer geplanten Fläche von 30 m² sollten Sie sich bei den örtlichen Baubehörden, Landschaftspflegebehörden, Bezirks- oder Landesämtern erkundigen, wie die Vorschriftenlage in Ihrem Bundesland ist. Auch das geltende Nachbarrecht muss bei der Teichplanung beachtet werden. Achten Sie darauf, dass Sie Grenzabstände ordnungsgemäß einhalten. Wichtig ist es zudem, auf die Sicherheit zu achten. Ein Teich sollte im Idealfall für Kleinkinder überhaupt nicht zugänglich sein. Ist er es doch, so darf er auf keinen Fall steil abfallende Ufer besitzen. Achten Sie darauf, dass Ihr Teich die richtige Dosis an Sonnenlicht erhält. Bei einem großen Gewässer sind 6-8 Stunden täglich im Frühling und Sommer ideal, kleinere Teiche dagegen brauchen um die Mittagszeit 2-3 Stunden Schatten, damit sie sich nicht zu stark aufheizen. Diesen Schatten können benachbarte Bäume oder Sträucher spenden. Aber Achtung: Flach wurzelnde Gewächse dürfen bei Folienteichen nicht zu nah am Gewässer stehen, da die Wurzeln die Teichfolie beschädigen können. Am einfachsten lässt sich ein Gartenteich unter Verwendung eines Kunststoffbeckens anlegen. Bei größeren Teichprojekten müssen Sie auf Teichfolie zurückgreifen. Beim Folienteich ist es sehr wichtig, einen stabilen Rand auszubilden, der kein Wasser ansaugt. Durch die so genannte Kapillarwirkung kann ein Teich leicht große Mengen an Wasser verlieren, sodass ständig nachgefüllt werden muss. Auf Seite 37 wird gezeigt, wie man den Rand eines Folienteiches richtig anlegt. Die Schnittzeichnung rechts macht deutlich, wie die Wassertiefe abgestuft werden sollte, damit ein ausgewogenes Verhältnis von Tief- und Flachwasserzonen entsteht. Nur so ist eine natürliche Bepflanzung möglich, und es entstehen Lebensräume für Tiere im Teich.

Die Zeichnung oben zeigt den Schnitt durch einen Teich mit verschieden tiefen Zonen. Unten sehen Sie, wie ein solcher Teich entsteht

Professionelle Hilfe ist oft unverzichtbar

Um einen Fertigteich einzugraben und rundherum ansprechend zu bepflanzen, braucht man keine besonderen Kenntnisse und Erfahrungen. Die erforderlichen Arbeitsschritte sehen Sie auf den Seiten 48 bis 51. Gleiches gilt für kleinere Folienteiche. Je größer die Proportionen eines Wassergartens aber werden und je vielfältiger die Gestaltungsdetails sein sollen, um so eher braucht man einen Fachmann. Bücher wie das vorliegende bieten eine Vielzahl von Anregungen, zeigen dem praktisch veranlagten Gartenfreund auch, wie man konkrete Wassergarten-Projekte Schritt für Schritt umsetzt, können aber die Erfahrung eines auf Wassergärten spezialisierten Gartenbauers nicht ersetzen. Solche Fachunternehmen bieten im Idealfall auf ihrem Ausstellungsgelände eine Palette verschieden großer und unterschiedlich gestalteter Teiche, Wasserfälle und Bachläufe als konkretes Anschauungsmaterial. So ist zum Beispiel die Ausstellung der Firma „Der Wassergarten" im nie-

Das Anlegen solcher Wasserfälle sollte man besser einem Profi überlassen

dersächsischen Nortmoor bei Leer zu nennen (www.der-wassergarten.de), die ihren Besuchern fachmännisch angelegte Wassergärten zeigt. Dort sind auch zahlreiche der hier veröffentlichten Fotos entstanden. Besucher einer solchen Ausstellung können sich beraten lassen, bekommen alle Materialien, die man für den Bau bestimmter Projekte braucht, können aber auch ihren individuellen Wassergarten vom Profi planen und komplett anlegen lassen. In diesem Fall werden für die erforderlichen Erdbewegungen Maschinen eingesetzt. Das Verlegen großer Folien, das eventuell erforderliche Verschweißen von Folien vor Ort, Transport und Verlegung von zentnerschweren Steinen usw. wird von geübten und mit den notwendigen Maschinen ausgerüsteten Fachleuten übernommen. Das Ergebnis ist dann ein Wassergarten, bei dem alles stimmt und bei dem keine Planungs- oder Ausführungsfehler stören oder später aufwändige Nachbesserungen nötig machen.

Formal angelegte Teiche

Je weniger Platz ein Gartengrundstück bietet, umso eher wird man Teiche geometrisch anlegen, um die Fläche optimal zu nutzen und das Wasser auch gut zugänglich zu machen.

Die Teichanlage in der Draufsicht

Klare Formen im Kontrast zu üppigem Grün

Der hier gezeigte Wassergarten entstand in einem Wohnviertel mit Reihenhäusern aus den 20er Jahren des letzten Jahrhunderts. Die Gartengrundstücke sind deutlich größer als bei heutigen Reihenhäusern. Dennoch bleibt für einen Teich nur ein bescheidener Platz, wenn man nur eine Hälfte des Gartens dafür opfern will. Klassische Folienteiche haben, je kleiner sie sind, den Nachteil, dass sich wegen der flach auslaufenden Ufer nur eine relativ geringe Wassertiefe und Gesamtwassermenge realisieren lässt. Will man Seerosen pflanzen und größere Fische einsetzen, reicht das Teichvolumen dafür kaum aus. Ein rechteckig angelegter Teich, der wie hier aus zwei miteinander verbundenen Becken besteht, nutzt zunächst die Fläche besser. Ein Weiteres tut der aus Klinkersteinen gemauerte Teichrand. Er erhöht die Wassertiefe. Und wenn man dann noch die Ränder steil abfallen lässt, also auf Flachwasserzonen verzichtet, entsteht leicht ein Beckenvolumen von etlichen Kubikmetern, das die gewünschte Bepflanzung und den Fischbesatz möglich macht. Die hier gezeigte Konstruktion wurde betoniert und mit Dichtschlämme behandelt. Die Pflanzen befinden sich in Containern, was sie aber nicht hindert, so üppig zu wachsen, dass die gemauerte Umrandung großen-

Der Blick von der Gartenseite zur Sitzbank an der Terrasse

Eine Gartenlaterne sorgt dafür, dass man den Wassergarten auch bei Dunkelheit bewundern kann

teils verdeckt wird und so die klaren Formen bricht. Teilweise ist der Teichrand auch mit gemauerten Pflanzbeeten versehen. Dort können sich Efeu und Kräuter ausbreiten. Zwei Fontänen mit vorgeschalteten Filtern sorgen für sauerstoffhaltiges und sauberes Wasser.

Die gemauerte Teichumrandung mit den angegliederten Pflanzbeeten bietet Platz für üppiges Grün, das den klaren Formen ihre Härte nimmt

In eine rechteckige Aussparung der Terrasse wurde ein Fertigteich eingelassen

Wassergärten direkt an der Terrasse

Wer das Leben im Wasser unmittelbar beobachten will, braucht einen Wassergarten, der mit der Terrasse eine Einheit bildet. Die Bilder unten zeigen eine Lösung, bei der in der mit Platten belegten Terrassenfläche ein rechteckiger Ausschnitt vorgesehen wurde, um dort einen Fertigteich einzulassen. Die Bepflanzung des Uferbereichs wie auch der verbleibenden Zone zwischen Teichbecken und Terrasse sorgt dafür, dass die Konturen des Beckens kaum noch zu erkennen sind. Zwischen den Steinen sieht man eine grüne Insel mit einer Wasserfläche in der Mitte. Das Beispiel rechts zeigt einen quadratischen Teich, der an drei Seiten von Holzterrassen umgeben ist. Teilweise liegen die Terrassen höher, teilweise niedriger als die Wasseroberfläche. Die formale Gestaltung ermöglicht wieder ein besonders großes Teichvolumen. Nur an zwei Seiten besitzt der Teich Flachwasserzonen, ansonsten fällt das Ufer steil ab. Dort kann man auf dem hochgelegten Teichrand sitzen. Detaillierte Informationen zur Konzeption und zum Bau dieses Wassergartens einschließlich der Holzterrassen finden Sie auf den Seiten 72 bis 79.

Der hier gezeigte quadratische Teich ist Teil eines Wassergartenkonzepts, bei dem der Baustoff Holz dominiert. Obwohl ganz formal angelegt, wirkt der Teich durch seine Bepflanzung sehr natürlich

Gestaltungsdetails rund um den Gartenteich

Brücken und Stege erschließen den Wassergarten. Sie sollen sich harmonisch in die Gestaltung einfügen. Hübsche Dekorationen runden das Bild ab.

Holzbrücken für Teiche und Bachläufe

Je nach Größe und Länge von Teichen und Bachläufen im Garten werden oft Wege durchkreuzt. In diesem Fall ist eine Brücke die beste Lösung. Wenn die Wasseroberfläche deutlich unter Bodenniveau liegt, empfiehlt sich ein Steg. Dazu müssen zwei Balken auf geeignete Fundamente (Gehwegplatten oder Punktfundamente mit Pfostenschuhen) gelegt werden. Diese Balken bilden die Basis für die Querbretter, die einfach aufgeschraubt werden. Die Brücke ist also im Nu fertig und begehbar. Natürlich kann man nun noch ein ein- oder zweiseitiges Geländer anbringen. Hierzu schraubt man senkrechte Pfosten an die Lagerbalken und befestigt daran den Handlauf. Etwas aufwändiger in der Konstruktion, dafür aber umso dekorativer sind ge-

Entsprechend der gewünschten Breite der Brücke werden die Bretter abgelängt und mittels Metallwinkeln mit den geschweiften Brückenbögen verbunden

Als Auflager der Brückenbögen dienen zwei Pflastersteine, die man im passenden Abstand in ein Bett aus Magerbeton legt und höhengleich ausrichtet

wölbte Brücken. Für den Aufbau brauchen Sie in diesem Fall geschweifte Lagerbalken, die aus schichtverleimtem Holz hergestellt werden. Alle großen Anbieter von Gartenhölzern haben solche Balken im Sortiment. Die passenden Auflagebretter und den Handlauf schneiden Sie sich selbst zu. Wer es einfacher wünscht, kann auch auf einen kompletten Bausatz zurückgreifen, bei dem die fertig zugeschnittenen Teile nur noch zusammengeschraubt werden müssen. Das hier abgebildete Montagebeispiel zeigt eine Konstruktion aus fertig gekauften Brückenbögen und Handläufen. Die Bodenbretter wurden dagegen selbst passend zugeschnitten. Bei dem Material handelt es sich um witterungsbeständiges Western-Red-Cedar-Holz, das keine Schutzlasur braucht. Wenn man nach einiger Zeit jedoch eine optische Auffrischung wünscht, kann man das Holz lasieren.

Das Bild links zeigt das Material vor der Montage. Die Bilder oben und rechts zeigen Details vom Zusammenschrauben und Aufbauen der Brücke.

Hier ist die Brücke bereits aufgelegt. Die Pfosten der Handläufe werden an einbetonierten Pfostenschuhen befestigt. Zuletzt die Handläufe verschrauben

Brücken aus Stein

Für schmale Bachläufe und Teiche bekommen Sie im Gartenfachhandel fertige Brücken aus Beton oder Naturstein. Sie werden einfach in ein Bett aus Magerbeton gelegt. Wegen des hohen Gewichtes muss man sich solche Bauteile anliefern lassen. Für die Verlegung braucht man mehrere Helfer oder sogar einen Mini-Bagger.

Steinerne Brücken passen besonders gut zu gepflasterten Wegen. Gegenüber Holz haben sie den Vorteil, dass sie keiner Pflege bedürfen und niemals erneuert werden müssen

Dekorationen für den Wassergarten

Ein liebevoll gestalteter Wassergarten bekommt sein I-Tüpfelchen durch die passenden Dekorationen: Sei es eine hübsche Wassernixe aus Bronze oder ein mehr oder weniger Furcht erregender „Wassergeist" aus Stein, wie sie heute vorwiegend aus Asien importiert werden. Figuren, die direkt ins Wasser gesetzt werden sollen, brauchen eine stabile Unterlage, auf der sie fest verankert werden können. Meist legt man große Steine in den Teich und formt darauf einen Sockel aus Beton, auf den dann die Figur gesetzt wird. Das Ganze muss aufgebaut werden, ehe man den Teich komplett flutet, da der Sockel sich ja unterhalb der späteren Wasserlinie befinden soll. Kleinere Figuren kann man auch auf Steine im Wasser oder am Teich- bzw. Bachrand setzen. Die Keramikgänse im großen Bild unten haben ihren Platz auf einem Holzdeck gefunden, das ein Stück über die Wasseroberfläche hinausragt. Ein solches Deck oder auch ein Steg aus Holz haben den Vorteil, dass Sie bei rundum gut eingewachsenen Teichen zumindest von einer Seite gut ans Wasser herankommen und das Leben im Teich ganz unmittelbar beobachten können. Ideal ist ein solcher Platz auch für den Liegestuhl.

Zwischen üppigen Seerosen kniet eine zierliche Wasserschöpferin aus Bronze

Ob fratzenschneidende „Wassergeister" oder friedliche Gänse – dekorative Figuren runden das Bild des Wassergartens ab

Naturnahe Teiche und Bachläufe

Naturnah angelegte Teiche locken mit ihrem Futterangebot auch Wildenten an. Wasservögel können allerdings die Bepflanzung eines Teiches zerstören

Ein naturnah angelegter Ufersaum mit groben Kieseln als Abdeckung der Folie

Der Lebensraum, den der Mensch mit seinen Häusern und Straßen für sich beansprucht, geht stets auf Kosten von Pflanzen und Tieren. Es sollte uns daher ein Anliegen sein, der Natur in unseren Gärten ein wenig von ihrem Lebensraum zurückzugeben.

Aktiver Naturschutz beginnt im Garten

Das Anlegen naturnaher Gärten mit Teichen und Bachläufen mag angesichts gewaltiger Umweltprobleme wie Waldsterben oder der Abwasserbelastung unserer Seen und Flüsse wie der sprichwörtliche Tropfen auf den heißen Stein wirken. Die Schaffung ökologischer Gärten setzt jedoch stets wertvolle Akzente, die nicht zuletzt auch ein langfristiges Umdenken fördern. Und dass ein solches Umdenken bereits begonnen hat, zeigt die Tatsache, dass private Öko-Projekte wie Fassadenbegrünung oder das Anlegen von Naturteichen und Vogelhecken teilweise von den Kommunen bezuschusst werden. Fragen Sie in Ihrem Rathaus bei der entsprechenden Informationsstelle nach. Zumindest werden solche Projekte vielfach ideell gefördert. Es gibt Beratung durch Umweltbeauftragte und Unterstützung durch Umweltorganisationen.

Hat der Teich eine Flachzone, fühlen sich auch Pflanzen wie die im Frühjahr blühende Wasserfeder wohl

Ein Wasserfall an einer Natursteinwand

INFO
Pflanzen-Tauschbörsen

Wasserpflanzen aus dem Fachhandel sind recht teuer. Um den neu angelegten Teich preiswert zu bepflanzen, kann man sich auch auf Tauschbörsen eindecken, die in vielen Städten veranstaltet werden. Dort geben Teichbesitzer überzählige Pflanzen ab, die herausgenommen werden mussten oder durch Teilung entstanden sind. Es lohnt sich auch, per Kleinanzeige nach Teichbesitzern zu fahnden, die alte Teiche ausräumen oder deren Bepflanzung ausdünnen.

Wassergärten als wertvolle Biotope

Ein Problem für viele Tiere ist der stetige Rückgang an natürlichen Wasserstellen. Singvögel etwa können nur dort heimisch werden, wo sie auch einen Platz zum Trinken und Baden vorfinden. Es spricht also einiges dafür, einen Gartenteich anzulegen. Man sollte jedoch vor allem bei kleinen Teichen unbedingt darauf achten, dass man seinen Teich im ökologischen Übereifer nicht mit zu vielen Fischen besetzt. So entstehen keine wertvollen Biotope, sondern schmutzige, veralgte Pfützen, in denen ein Lebewesen dem anderen den Raum nimmt und ums Überleben kämpfen muss. Weniger ist hier meist mehr. Dass man sich Pflanzen und Tiere nicht wahllos in der freien Natur besorgt, sondern im Fachhandel, sollte für jeden Naturfreund selbstverständlich sein.

Der Wasserfall ergießt sich über einen künstlichen Felsen

Natursteine bilden die Umrandung eines künstlichen Bachlaufs aus Folie

Endet die Teichfolie im Mutterboden des Teichrands, kommt es zu einer so genannten Kapillarwirkung – das Erdreich saugt Feuchtigkeit aus dem Teich

Auch bei dieser Lösung besteht die Gefahr, dass dem Teich ständig Wasser entzogen wird. Entsprechend häufig muss man den Teich nachfüllen

So vermeiden Sie die Kapillarwirkung: Die Folie wird zwischen den Ufersteinen senkrecht hochgeführt. Kein Kontakt zwischen Erdreich und Wasser

Steine sind die beste Uferbefestigung für einen Folienteich

Grundsätzlich lässt sich sagen, dass sich ein ökologisches Gleichgewicht bei größeren Gewässern leichter einstellt als bei kleinen. Aus diesem Grund empfehlen Fachleute Gartenbesitzern stets, ihren Teich so groß wie möglich anzulegen. Je kleiner der Teich, desto mehr Fingerspitzengefühl braucht man bei der Pflege und desto verheerender können sich Fehler bei der Bepflanzung oder dem Einsetzen von Tieren auswirken. Neben der möglichst hohen Kubikmeteranzahl des Gewässers ist zudem noch wichtig, dass der Teich sowohl Tief- als auch Flachwasserzonen aufweist, damit er den Bedürfnissen vieler verschiedener Lebewesen gerecht wird (siehe S. 22). Für die Bepflanzung des Teiches gilt, dass man auf heimische Pflanzen zurückgreifen sollte, da sie am besten an unsere klimatischen Bedingungen angepasst sind. Setzen Sie die Pflanzen in ein nährstoffarmes Substrat. Zu viele Nährstoffe fördern das Wachstum der Algen, die das anfangs klare Gewässer schnell trüb erscheinen lassen. Starke Algenbildung ist stets ein Hinweis auf ein gestörtes ökologisches Gleichgewicht. Bei richtiger Bepflanzung werden dem Wasser kontinuierlich Nährstoffe entzogen, der Algenwuchs wird so eingedämmt, und das Wasser bleibt klar.

Praxis des Teichbaus

Materialien für den Teichbau einkaufen

Während früher Teiche häufig betoniert oder vor Ort aus glasfaserverstärktem Kunststoff gebaut wurden, arbeitet man heute meist mit witterungsbeständiger Teichfolie oder mit so genannten Fertigbecken

Schnelle Mini-Wassergärten aus kleinen Fertigbecken und Kübeln

Die Möglichkeiten der Abdichtung einer vorgefertigten Mulde im Boden, um diese anschließend mit Wasser zu füllen, sind vielfältig. Immer wieder wird auf Beton, glasfaserverstärkten Kunststoff oder auch auf Lehm und Ton verwiesen. Die Erfahrung zeigt jedoch, dass sich Teichbecken aus Kunststoff und Teichfolie für den heimischen Teich am besten eignen. Sie lassen sich einfach verarbeiten und zeichnen sich durch eine gute Haltbarkeit aus. Wer nur ein sehr kleines Grundstück sein Eigen nennen kann, muss deshalb nicht ganz auf Wasser im Garten verzichten. Eine kleine Wasserlandschaft erhalten Sie auch, wenn Sie runde oder rechteckige Mörtelkübel mit 60 oder 90 Litern Inhalt kaufen (für ca. 10 Euro das Stück im Baumarkt erhältlich) und diese in den Boden einlassen. Anschließend lassen Sie Wasser ein und bestücken die Kübel mit Pflanzen. Ein solcher Mini-Wassergarten lässt sich auch auf der Terrasse oder dem Balkon aufstellen.

Ideal für den Bau kleinerer Gartenteiche sind Fertigbecken aus stabilem Kunststoff, die man nur noch in eine entsprechend vorbereitete Mulde setzen muss. Oben ein Exemplar mit besandeter Uferzone. Das Becken links hat eine spezielle Mulde zum Einsetzen eines Bio-Filters

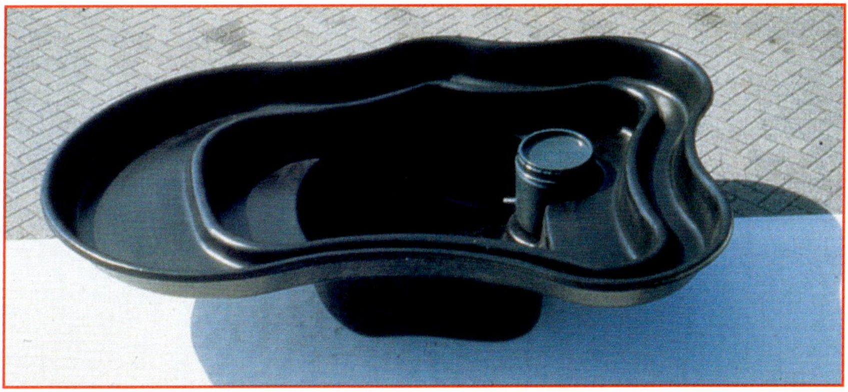

Fertigbecken in verschiedenen Größen und Formen

Der schnellste Weg zum eigenen Gartenteich ist sicher die Verwendung eines Fertigbeckens aus Kunststoff. Es wird einfach in eine vorgefertigte Mulde im Boden eingelassen und mit Sand eingeschlämmt. Dabei ist stets darauf zu achten, dass keine Hohlräume zurückbleiben, die ein späteres Absacken des Beckens verursachen könnten. Wer ohnehin nur einen kleinen Teich anlegen kann oder will, für den ist das Fertigbecken mit Sicherheit die richtige Wahl. Die vorgefertigten Teichschalen bestehen in der Regel aus Polyäthylen. Aber auch glasfaserverstärktes Polyester findet in der Teichbeckenherstellung Verwendung. Für manche Becken erhalten Sie auch Anschlussmodule für Bachläufe, die mit dem Teichbecken verschraubt werden. Damit das Gewässer einen natürlichen Charakter bekommt, ist es wichtig, dass der Rand des Beckens nach dem Befüllen gut abgedeckt wird. Meist kommen hier Steine zum Einsatz. Der Handel bietet mittlerweile aber auch Alternativen, wie die so genannte Steinfolie, an.

Teichfolie ist dauerhaft witterungsbeständig

Folie ist das Material, das beim Bau eines Gartenteiches am häufigsten zum Einsatz kommt. Es lässt sich auch von Anfängern gut verarbeiten und zeichnet sich bei ausgeprägter Flexibilität durch eine hohe Robustheit aus. Bei sachgerechter Verarbeitung kommt es auch nach Jahrzehnten zu keinen Rissen oder Brüchen des Materials. Und bei dauerhaftem Witterungseinfluss bleibt die Teichfolie wasserdicht. Diese hohen Qualitätsstandards gelten natürlich nur für speziell für den Teichbau ausgewiesene Folien. Verwenden Sie auf keinen Fall andere für den Baubereich hergestellten Folientypen. Diese sind zum einen nicht so langlebig und geben zum anderen der Umwelt belastende Stoffe an Erdreich und Wasser ab. Bei der Herstellung von Teichfolien kommen Polyäthylen (PE), Polyvinylchlorid (PVC) und hochwertiger Kautschuk zum Einsatz. Da PE und PVC nur mäßig flexibel sind, werden den Materialien Weichmacher und spezielle Stabilisatoren zugefügt, die die Folie nicht nur elastischer, sondern auch UV-beständig machen.

INFO
Bottich als Miniteich

Die Mini-Lösung für kleine Gärten: Reicht der Platz für einen Gartenteich nicht aus, kann man sich ein wenig Wassergarten-Atmosphäre schaffen, indem man einen oder mehrere Kübel von 50 bis 100 Litern Inhalt aufstellt und sie mit Wasserpflanzen bestückt. Die im Baumarkt erhältlichen Mörtelkübel aus Kunststoff sind preiswert und für diesen Zweck gut geeignet, weil sie auch Frost überstehen.

Polstervlies aus gewebtem Synthetikmaterial schützt Teichfolien vor Beschädigungen. Das Gewebe ist verrottungsfest und hält Wurzeln und Nagetiere ab

Hier ein Vlies, das aus filzartigem Gewebe besteht. Es wird aus recyceltem Material hergestellt und in verschiedenen Rollenbreiten angeboten

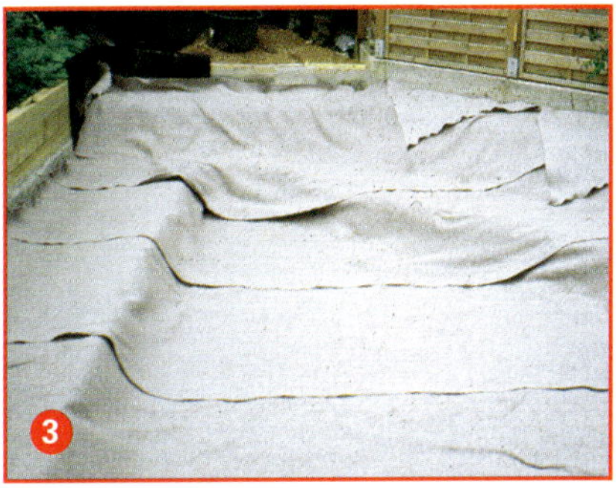

Beim Auslegen des Teichvlieses lässt man die Bahnen großzügig überlappen. So wird die Folie weich abgepolstert und ist optimal geschützt

Teichfolien

Teichfolien werden in unterschiedlichen Färbungen angeboten: Die Standardausführung ist schwarz; besonders naturnah wirken erdfarbige Folien

Damit die Teichfolie sich dem Profil des vorbereiteten Untergrunds optimal anpasst, sollte man sie an einem möglichst warmen Tag verlegen

Im Gartencenter werden Folien, Vliese und so genannte Steinfolien für den Teichrand übersichtlich auf einem Rollenständer angeboten

Dann ist sie besonders elastisch. Randüberstände werden zuletzt mit der Schere abgeschnitten und je nach Konstruktion mit Steinen oder Kies bedeckt

Wer nicht so recht an die Langlebigkeit der Teichfolien glauben kann, der sollte einen Blick auf die Garantie des Herstellers werfen, die bei 10-15 Jahren liegen sollte. Ein weiteres Qualitätsmerkmal ist, wenn die Folie regeneratfrei ist, das heißt, sie besitzt keine Anteile wiederverwerteter Folien, die unter Umständen mit Giftstoffen versetzt sind. Wenn Sie auf Umweltverträglichkeit Wert legen, sollten Sie auch sicher ausschließen können, dass die Folie als Stabilisator das hochgiftige Schwermetall Cadmium enthält. Deutlich teurer, aber dafür in Bezug auf Umweltverträglichkeit und Belastbarkeit vorzuziehen, sind Kautschukfolien. Kautschuk ist von Natur aus elastisch und braucht keine zusätzlichen Weichmacher. Im Gegensatz zu PE- und PVC-Folien lässt sich Kautschuk auch bei Frosttemperaturen noch verarbeiten. Die Kunststofffolien sind bei Temperaturen unter 15 °C zu unflexibel und passen sich dem Teichprofil nicht richtig an. Sie erhalten die Teichfolie bei Ihrem Händler in verschiedenen Materialstärken. Hier sollten Sie möglichst nicht auf den Euro schauen und sich lieber für die stabilere Folie von 1 mm Dicke entscheiden und die 0,5 mm starke Folie beiseite lassen. Für welche Farbe Sie sich entscheiden, ist jedoch nebensächlich. Mit einem erdähnlichen Ton erzielen Sie allerdings eine natürlichere optische Wirkung als mit schwarzer Folie. Eine leichte Strukturierung der Folienoberfläche kann sehr vorteilhaft sein, weil sich Schwebstoffe auf einer solchen Oberfläche leichter absetzen können und so ein gleichmäßig bedecktes Teichbett entsteht. Auch wenn die Folie sehr belastbar ist, so sollte man, bevor man sie auslegt, unbedingt alle spitzen Steine und Wurzeln vom Muldengrund entfernen. Ein Bett aus feinem Sand bildet den idealen Untergrund für den Folienteich. Wer nicht nur am Teichgrund, sondern auch an den Wänden der Mulde eine optimale Polsterung für die Folie wünscht, besorgt sich beim Händler am besten Spezialvlies aus gewebtem Synthetikmaterial, mit dem die Grube ausgekleidet wird. Neben der Polsterung stellt das Vlies auch eine wirksame Barriere gegen von unten eindringendes Wurzelwerk dar.

INFO
Beschädigte Folie

Bei einem unsachgemäß angelegten Teich mit ganz steilen Ufern ohne Abdeckung der Folie ist das Material ständig dem Sonnenlicht ausgesetzt. Nach einigen Jahren wird die frei liegende Folie dann brüchig und undicht. Die Folge ist, dass das Teichwasser versickert und ein immer breiterer Folienstreifen ungeschützt ist. In diesem Fall hilft nur noch eine Sanierung des Teiches. Dabei formt man eine flache Uferzone, in der die neue Folie mit Sand oder Steinen bedeckt wird. Dann wandern auch keine Nährstoffe aus der Umgebung ins Wasser, die wie im Bild oben zu einer gefährlichen Überdüngung des Wassers führen.

Randabdeckungen

Eine spezielle Böschungsmatte aus Nylongewebe kann im Uferbereich und an steilen Böschungen der Bepflanzung Halt auf der glatten Folienoberfläche geben (A). Hier wird die Böschungsmatte bis an die Wasserlinie heran mit Kieseln abgedeckt (B). Nach der Bepflanzung durchdringen die Wurzeln das Nylongewebe

Wenn der Uferbereich nicht mit Steinen abgedeckt wird, die Folie aber geschützt sein soll, kann man so genannte Steinfolie mit Feinkiesbesandung auflegen (C). Besonders gut ist die mit feinen Kieseln und Sand beschichtete Steinfolie für Bachläufe geeignet. Es gibt auch Fertig-Elemente mit entsprechender Oberfläche (D)

Die Uferzone wird befestigt

Will man vermeiden, dass die Teichfolie im Uferbereich und an den Böschungen frei liegt, empfiehlt sich der Einsatz von Böschungsmatten aus Nylongeflecht. Pflanzen finden in deren Maschen auch bei einer 45°-Neigung noch ausreichenden Halt. Wer natürlichen Materialien den Vorzug gibt, greift stattdessen zu grobmaschigen Kokosmatten, die teilweise auch ausgearbeitete Pflanztaschen besitzen. Der Vorteil der Kokosmatten ist, dass sie nach einigen Jahren verrotten. In dieser Zeit haben die Pflanzen durch die Ausbildung eines Wurzelteppichs genügend Halt gefunden, sodass sie keine Mattenverankerung mehr brauchen.

Ideal für die Randbefestigung eines Gartenteiches sind Bruchsteine. Man lässt sie mit dem Lkw von einem örtlichen Steinbruch anliefern

Sand, Kies und Steine

Die Teichfolie sollte möglichst ganz bedeckt sein. Man wählt dazu am besten sauberen Kies. Auf keinen Fall nährstoffhaltigen Mutterboden zufügen

Flache Bruchsteine können auch sehr gut zum Bau von Bachläufen und Wasserfällen benutzt werden. Dabei müssen Sie die Steine sorgfältig auswählen

Pflanztaschen

Damit die Pflanzen auch an steilen Uferböschungen Halt finden, kann man solche Kokosmatten mit angeformten Pflanztaschen auslegen

In die Taschen kommt spezielle Teicherde, die nur wenig Nährstoffe enthält. Dann setzt man die Pflanzen ein, die das Substrat sehr schnell durchwurzeln

Ist der Teich nach einigen Jahren gut eingewachsen,
ist er von einem natürlichen Gewässer nicht mehr zu unterscheiden

Ein Fertigteich wird eingebaut

Der Fachhandel bietet heute eine Vielzahl so genannter Fertigteiche an – Kunststoffbecken, die man einfach nur in eine vorbereitete Mulde einsetzen und mit Sand einschlämmen muss. Werden sie mit Steinen und Pflanzen ausgekleidet, erhalten sie ein verblüffend natürliches Aussehen.

Den richtigen Fertigteich auswählen

Der einfachste Weg zum eigenen Fertigteich ist der Einbau eines vorgefertigten Teichbeckens aus Kunststoff. Während die kleineren und mittleren Becken aus Polyäthylen gefertigt werden, bestehen die größeren Fertigteiche meist aus glasfaserverstärktem Kunststoff. Die eingesetzten Materialien zeichnen sich durch eine hohe Wetterbeständigkeit aus. Sie sind unverrottbar, frostfest und halten auch intensiver UV-Bestrahlung stand. Auch intensive Drücke von außen, beispielsweise durch Wurzelwerke, führen nicht zu Rissen oder Brüchen. In der Regel erhalten Sie auf die Produkte von Markenherstellern eine Vollgarantie von 15 Jahren. Fertigteiche sind meist mit einem so genannten Sumpfrand ausgestattet, das heißt, sie sind mit einer flacheren Zone im Randbereich versehen. Diese Gestaltung ist natürlichen Kleingewässern nachempfunden und bietet – wenn man sie entsprechend bepflanzt – ins Wasser gestürzten Kleintieren die Möglichkeit, sich wieder zu befreien. Auch profilierte und mit Schuppen, Wellen oder Vorsprüngen versehene Oberflächen moderner Fertigteiche sind Becken mit glatten Wänden vorzuziehen, da sie Tieren Halt geben. Für so manchen Igel ist ein Gartenteich mit steilen und glatten Wänden schon zur tödlichen Falle geworden. In Vertiefungen der Oberfläche können sich Pflanzenreste und Schwebstoffe ablagern, die auf diese Weise von Mikroorganismen mineralisiert werden können und nicht am Beckenboden verfaulen.

Einbauschritte

Der Platz für den Fertigteich muss sorgfältig ausgewählt werden. Bei kleineren Teichen ist es wichtig, dass sie nicht zu stark der Sonne ausgesetzt sind

Bereiten Sie einige angespitzte Holzlatten vor, die Sie als Pflöcke verwenden, um die Umrisse des Kunststoffbeckens auf dem Boden zu markieren

Anschließend gräbt man eine Mulde aus, die exakt den Konturen des Beckens entspricht. Allerdings sollten Sie rundherum etwa 10 cm hinzugeben

Ist der Fertigteich richtig in der Grube positioniert, kann das Becken mit Sand oder Kies eingeschlämmt werden. Hierbei dürfen keine Hohlräume verbleiben

Damit das Becken sich während des Einschlämmens nicht wieder verschiebt, wird es stufenweise mit Wasser befüllt. So erhält es das nötige Gewicht

Wenn man den Randbereich des Teiches mit Kies, Steinen und Pflanzen ausgestaltet, ist von der Kunststoffumrandung bald nichts mehr zu erkennen

Aushub und Einsetzen der Fertigteich-Mulde

Haben Sie sich für ein Teichbecken entschieden, muss seine Position auf dem Grundstück genau festgelegt werden. Dazu stellen Sie das Becken an dem gewählten Ort in der entsprechenden Ausrichtung auf. Die Umrisse markieren Sie nun mithilfe von Holzpflöcken auf dem Untergrund. Zu diesem Zweck eignen sich gut passend abgelängte Dachlatten, die an einer Seite angespitzt werden. Haben Sie auf diese Weise die Umrandung markiert, entfernen Sie das Becken wieder und beginnen mit dem Aushub der Teichmulde. Beachten Sie dabei genauestens die Abstufungen des Beckens. Da der Fertigteich später in einem Sandbett stehen und auch seitlich mit Sand eingeschlämmt werden soll, müssen Sie rundum etwa 10 cm Spiel einplanen und die Grube entsprechend größer anfertigen. Ist das Grundstück Teil eines Neubaugebiets, kommt es oft vor, dass der Boden sich noch nicht ausreichend gesetzt hat. Der Aushub einer Teichmulde kann in diesem Fall etwas problematisch werden, weil die Böschung zu leicht wegbricht. Die Grube muss dann noch größer als üblich ausgehoben werden. Bevor Sie das Sandbett anlegen, sollten Sie den Boden mit einem Stampfer oder einer kleinen Rüttelplatte verdichten. So beugen Sie späteren Absenkungen des Beckens vor. Für die Sandschicht unter dem Teich verwenden Sie am besten groben Estrich- bzw. Pflastersand. Verdichten Sie die Sandschicht sorgfältig und ziehen Sie sie exakt so ab, dass das aufgesetzte Becken oben bündig mit der Geländekante abschließt. Zum Einsetzen des Beckens brauchen Sie – je nach Größe – einen oder zwei Helfer. So gelingt die waagerechte Ausrichtung am besten. Eine Wasserwaage ist bei dieser Arbeit unverzichtbar. Befindet sich der Fertigteich in der richtigen Position, können Sie ihn zu einem Viertel mit Wasser befüllen. Anschließend füllen Sie die seitlichen Hohlräume um das Becken herum bis zur Wasserspiegelhöhe mit Sand oder Kies auf. Schlämmen Sie die Masse sorgfältig ein, sodass keine Lücken verbleiben, die später die Stabilität des Teichs beeinträchtigen könnten. Zwischendurch sollte immer wieder die Wasserwaage zur Kontrolle aufgelegt werden. Eventuelle Verschiebungen des Beckens lassen sich jetzt immer noch gut korrigieren. Arbeiten Sie sich nun schrittweise von unten nach oben, indem Sie immer wieder Wasser nachfüllen und den Teich von außen auf gleicher Höhe einschlämmen. Auch mit der Bepflanzung können

Der Aushub

Die Umrisse des Teiches wurden bereits markiert. Während des Aushubs lagert man das Becken mit dem Boden nach oben auf untergelegten Pflöcken

Zuerst wurde der Rasen ausgestochen. Um anschließend besser arbeiten zu können, gab man rundherum etwa 10 cm zu den Abmessungen hinzu

Bei einem großen Teich ist es von Vorteil, wenn man sich beim Aushub möglichst exakt an die Konturen des Beckens hält, um nicht unnötig viel Erde zu bewegen

Einbauschritte

Nach dem Aushub das Becken probeweise einsetzen. Passt es, wird es wieder entfernt, um am Boden die 10 cm dicke Sandschicht aufzubringen

Dann setzt man das Becken auf die Sandschicht und bringt es in seine Endposition. Beim Ausrichten helfen ein Richtscheit und eine Wasserwaage

Sie in diesem Stadium schon beginnen. Der schwarze Randwulst des Beckens wirkt meistens etwas unschön und sollte aus diesem Grund mit Kies oder Bruchsteinen bedeckt werden. Auf diese Weise erhält der Randbereich eine natürliche Wirkung.

INFO
Elektroanschlüsse

Überlegen Sie am besten schon frühzeitig, ob Sie an Ihrem Teich Technik einsetzen möchten, die einen Anschluss ans Stromnetz erfordert. Dann können Sie bereits während des Aushubs auch ein Erdkabel verlegen. Die Pumpe für den hier gezeigten Quellstein (A) wird über ein solches Kabel mit Strom versorgt. Eine Steckdosenleiste für den Außenbereich verschwindet unter Bruchsteinen (B), (C).

Großer Fertigteich mit Bruchstein-Einfassung

Wenn es die Größe des Gartengrundstücks erlaubt, sollte man sich ruhig auch für ein größeres Teichbecken entscheiden. Mit dem Fassungsvermögen des Beckens steigen auch die Möglichkeiten der Bepflanzung und Fischhaltung. Je größer ein Gewässer ist, umso stabiler ist meist das darin enthaltene Ökosystem aus Pflanzen und Tieren. Der Aushub der Mulde erfolgt genauso wie bei kleineren Teichen. Ab einer bestimmten Teichgröße gilt es allerdings zu überlegen, ob man eventuell einen Mini-Bagger einsetzen will. Einen solchen Bagger können Sie bei vielen Baustoffhändlern gegen eine Mietgebühr ausleihen. Der Bagger arbeitet zwar nicht so exakt, wenn aber sehr viel Erde bewegt werden muss, spart man durch den Einsatz der Maschine eine Menge Zeit und Kraft. Auch nach dem Ausheben der Mulde geht man prinzipiell genauso vor wie bei kleineren Teichen. Bei einer Beckenlänge von 430 cm ist das waagerechte Ausrichten aber schwieriger als bei den kleineren Modellen. Achten Sie darauf, dass Sie das Sandbett über die gesamte Länge eben abziehen. Um das Becken anschließend in die Mulde zu setzen, brauchen Sie mindestens drei, besser vier Helfer. Mithilfe von Richtscheiten und der Wasserwaage kontrollieren Sie, ob

Steinumrandung

1 Die Umrandung aus großen Bruchsteinen soll später eine begehbare Fläche rund um den Gartenteich bilden

2 Auch die Flachwasserzone des Teichbeckens wird rundum mit Bruchsteinen ausgekleidet, um den Kunststoff zu verdecken

3 An der Rückseite des Teiches wird ein durch Steine gestütztes Hochbeet angelegt, das sich den Teichkonturen anpasst

4 Da die Bruchsteine im Flachwasserbereich sehr groß sind, entstehen viele Lücken. Sie werden mit Kies ausgefüllt

Teich und Beet werden nun bepflanzt. Damit es auch rund um den Teich grün wird, sät man Rasen aus

der Fertigteich waagerecht steht, und korrigieren die Position gegebenenfalls. Füllen Sie das Becken nun zu einem Drittel mit Wasser. Richtscheite und Wasserwaage bleiben weiterhin im Einsatz, um zu überprüfen, ob der Teich in seiner waagerechten Stellung bleibt. Schlämmen Sie nun nach und nach die Hohlräume rund um das Becken ein, während Sie es stufenweise immer mehr mit Wasser befüllen. Ist die Unterfütterung des Beckenrandes mit Erdreich abgeschlossen, geht es daran, die Uferzone zu gestalten. Hierfür eignen sich Kies und Steine, eine üppige Bepflanzung rundet das Ganze ab. Im gezeigten Beispiel wurden glatte Bruchsteine ausgewählt, die dem Teich eine gleichmäßige Umrahmung geben. Dann legte man kleinere Steine in den Pflanzenrand und füllte die Zwischenräume mit Kies aus. Eine ebenfalls aus Bruchsteinen angefertigte Aufschüttung wurde an der Rückseite des Teiches aufgebaut. Danach erfolgte die Bepflanzung. Die Bilder zeigen, dass der Teich nicht nur im Sommer, sondern zu jeder Jahreszeit einen attraktiven Akzent im Garten setzt.

Schon nach kurzer Zeit haben sich Pflanzen im und um den Teich herum gut entwickelt. Aber nicht nur im Sommer ist der naturnahe Gartenteich eine Augenweide. Er hat, wie die Bilder zeigen, auch im Herbst und Winter seinen Reiz

Das Becken soll in eine Mulde gesetzt werden, die direkt an die gepflasterte Terrasse anschließt. Die 10 cm dicke Sandschicht ist bereits aufgebracht

Links liegt die Terrasse, deren Niveau der Wasseroberfläche entspricht, rechts überbrückt eine Stützwand den Höhenunterschied zum Gartenbereich

Mit Richtscheit und Wasserwaage wird das Teichbecken nun ausgerichtet. Danach wird es eingeschlämmt und parallel stufenweise mit Wasser befüllt

Terrasse mit Blick auf den Fertigteich

Da ein Gartenteich stets ein besonderer Blickfang ist, sollte er so positioniert sein, dass man ihn von den Sitzplätzen aus auch gut sehen kann. Ideal ist es, wenn man den Teich direkt an die Terrasse anschließen lassen kann. Im hier gezeigten Fall hat der Bauherr den Fertigteich schon frühzeitig in die Planung des Gartengrundstücks mit aufgenommen. Die Terrasse wurde L-förmig angelegt, das Gelände dahinter liegt 50 cm tiefer. Die so entstandene Terrassenaussparung wurde für die Anlegung des Fertigteichs genutzt. Eine Betonmauer bildet hier den äußeren Abschluss des Rechtecks. Obwohl das Teichbecken mit 430 cm Länge ein sehr großes Modell ist, waren aufgrund der Geländeabsenkung kaum Aushebe-Arbeiten nötig. Wie bei Teichen im ebenen Gelände wurde auch hier ein Sandbett angelegt, in dem man das Becken anschließend ausrichtete. Die seitlichen Hohlräume wurden dann bis zum oberen Rand mit Aushub gefüllt.

Sommers wie winters ist der Teich an der Terrasse ein Blickfang, und ist darüber hinaus noch ein Anziehungspunkt für Libellen, Vögel und den einen oder anderen Frosch

Folienteiche bieten gestalterische Freiheit

Ein Vorteil des Folienteiches ist, dass es keine Einschränkungen bezüglich Form und Größe gibt. Frei nach dem Motto „Alles ist möglich" passt sich der Teich individuellen Wünschen und Gegebenheiten an.

Folienkauf erst nach genauer Vermessung

Bei der Anlage eines Folienteiches empfiehlt es sich, die Folie erst dann einzukaufen, wenn die Grube bereits ausgehoben ist. Mithilfe von Schnüren, die Sie längs und quer in die Mulde hineinlegen, lässt sich feststellen, wie lang und breit die Folienabdeckung sein muss. Rechnen Sie sowohl in der Länge als auch in der Breite noch zweimal 50 cm Überstand für die Ränder hinzu, dann haben Sie die exakten Maße Ihres individuellen Folienteichs mit ausreichender Randzugabe. Wenn Sie die Folie bereits vor dem Grubenaushub kaufen wollen oder müssen, richten Sie sich nach der folgenden Berechnungsformel: Teichlänge/Teichbreite + zweimal geplante Teichtiefe + zweimal 50 cm für den Rand = Folienlänge/Folienbreite. Ein kleines Beispiel: Planen Sie einen Teich von 4 m Länge, 3 m Breite und 80 cm Tiefe, so brauchen Sie eine Folie von etwa 6,6 m x 5,6 m. Teichfolien werden von den führenden Herstellern in den Breiten 2, 4, 6 und 8 m als Rollenware angeboten. Wenn Sie Ihren Teich planen, sollten Sie diese Maße im Hinterkopf haben, damit nachher kein unnötiger Verschnitt anfällt. Reicht die übliche Maximalbreite von 8 m für Ihr Teichprojekt nicht aus, fragen Sie Ihren Händler, ob er auch speziell angefertigte Sondermaße liefert.

Arbeitsschritte

Neben der Gartenlaube soll ein kleiner Teich entstehen. Mit einer Harke wird die bereits ausgehobene Mulde geebnet und von Steinen und Wurzeln befreit

Damit die Folie nachher gut abgepolstert ist, erhält die Grube ein Sandbett. Ebenso gut eignet sich für diesen Zweck Teichvlies aus dem Gartenfachhandel

Dann breitet man die Teichfolie aus. Bei einem kleinen Teich kann man diese Arbeit noch allein bewältigen, besser geht es aber mit einem Helfer

Ist das Wasser eingelassen, geht es an die Randgestaltung. Damit von der Folie später möglichst wenig sichtbar ist, werden die Ränder eingegraben

Wie bei der Anlage eines Fertigteichs wird auch beim Folienteich zuerst der Umriss abgesteckt. Dann können Sie mit dem Ausheben beginnen. Erfolgt der Aushub auf einem Rasenstück, so legen Sie die Grassoden vorsichtig zur Seite. Einen Teil davon können Sie später noch verwenden, um den Teichrand abzudecken. Der anfallende Aushub lässt sich eventuell noch für die Anlage eines Hügels oder Hochbeetes verwenden. Jeder Teich sollte an seiner tiefsten Stelle mindestens 60, besser aber 80 cm Wassertiefe haben.

So sieht der Folienteich nach der Bepflanzung aus. Der Rand wurde mit Kieselsteinen bedeckt. Die Wasserpflanzen hat man in Kunststoffgefäße gesetzt

INFO
Folie verschweißen

Für die Anlegung eines größeren Teichs müssen oft zwei Folien miteinander verschweißt werden, um das gewünschte Maß zu erhalten. Die Folienhersteller haben hierfür geeignete Kaltschweißmittel im Programm. Legen Sie die beiden Folienteile auf eine glatte Unterlage und pinseln Sie die Nahtstelle sorgfältig ein. Legen Sie allerdings Wert auf einen Garantieanspruch, sollten Sie lieber eine Sondergröße beim Hersteller bestellen.

Über ein Fallrohr wird Regenwasser vom Dach der Gartenlaube direkt in den Teich geleitet. Damit er bei starken Regenfällen nicht zu voll wird, wurde an der gegenüberliegenden Seite ein Überlauf angebracht

Bei kleinen und sehr tiefen Teichen ist die Auskleidung mit Folie nicht ganz leicht. Große Bruchsteine helfen, die Folie oberhalb der Böschungen zu fixieren

Erst wenn das Wasser eingelassen wird, passt sich die Teichfolie der tiefen Mulde mit den steilen Böschungen genau an. Die Steine stabilisieren den Rand

Heben Sie die Mulde also auch bei einem Folienteich entsprechend tief aus. Da sich auch beim Folienteich ein Sandbett empfiehlt, geben Sie bei der Aushebung noch etwa 10 cm zu. Weitere zusätzliche 5-10 cm sollten Sie für den Bodengrund einplanen, der keinesfalls unbedeckt bleiben sollte. Hierfür eignet sich am besten gewaschener Kies. Verwenden Sie aber auf keinen Fall nährstoffreichen Mutterboden, da dieser sich negativ auf das ökologische Gleichgewicht des Teichs auswirken würde. Auch bei Folienteichen muss unbedingt eine Sumpf- und Flachwasserzone angelegt werden, die ins Wasser gefallenen Kleintieren die Möglichkeit gibt, sich wieder zu befreien. Aber auch für Vögel sind Flachwasserbereiche immer ein willkommener Platz zum Baden und Trinken. Die Sumpf- und Flachwasserzone sollte 20-50 cm breit sein und mindestens ein Viertel der gesamten Teichfläche ausmachen (siehe Zeichnung Seite 95).

Ist der Teich zu einem großen Teil befüllt, kann man den Rand mit weiteren Bruchsteinen auskleiden, um die überstehende Folie zu verdecken

Der Teich kann nun weiter mit Wasser befüllt werden, bis der Wasserstand auf Höhe des angelegten Steinkranzes liegt

Gewaschener Kies füllt die Hohlräume zwischen den großen Steinen und wird später den gesamten Teich umrahmen

Jetzt, da die Folie nicht mehr nachrutscht, können die überstehenden Ränder mit einer Schere abgetrennt werden

Der Rand wird solange weiter mit Steinen und Kies bedeckt, bis die Folie vollkommen unter der Schicht verschwindet

Überprüfen Sie die Ebenmäßigkeit der Ränder

Überprüfen Sie nach dem Abschluss der groben Erdarbeiten unbedingt, ob der Teichrand an allen Stellen auf der gleichen Höhe liegt. Meist können Sie hier wie bei den Fertigteichen mit Richtscheiten und Wasserwaage arbeiten. Ist der Teich dafür jedoch zu groß, müssen Sie eine Schlauchwaage zu Hilfe nehmen. Beim Anlegen eines Folienteiches ist es besonders wichtig, dass das vorbereitete Profil sorgfältig von Steinen, Wurzeln und anderen spitzen Gegenständen befreit wird. Zwar sind die modernen Folien extrem reißfest, aber man sollte die Leistungsfähigkeit des Materials nicht unnötig herausfordern. Als Alternative zum bereits erwähnten Sandbett können Sie auch ein für Folienteiche geeignetes Polstervlies als Unterlage auflegen. Beachten Sie, das die Folie umso weicher und geschmeidiger wird, je wärmer es ist. Man sollte eine Teichfolie aus diesem Grund unbedingt an einem sonnigen Tag bei mindestens 15 °C verlegen. Die Folie passt sich bei Sonnenwetter optimal der vorbereiteten Teichmulde an. Breiten Sie die Folie gleichmäßig über der Mulde aus. Sobald Sie den Grund mit Kies bedeckt und ein wenig Wasser eingelassen haben, drückt sie sich von selbst fest an den Untergrund. Während das Wasser langsam steigt, können Sie die Böschungen mit Kokos- oder Kunststoffmatten belegen, auf denen verschiedene Pflanzen Halt finden. Legen Sie jeweils passend zur Wassertiefe entsprechende Pflanzzonen an. Ist die Teichmulde komplett mit Wasser gefüllt, sollten Sie die überstehende Folie in den Randbereichen noch nicht sofort abschneiden. Eventuell setzt sich der Untergrund noch ein wenig, und die Folie rutscht leicht nach. Sind ein paar Tage vergangen, können Sie die Überstände jedoch unbesorgt entfernen. Die Randgestaltung bildet den Abschluss.

Sobald ein wenig Grün den Teichrand ziert, wird er zum Schmuckstück des Gartens. Ein angegliedertes Hochbeet rundet hier das Bild ab

Der Teich ist nun komplett mit Wasser befüllt. Es kann mit der Bepflanzung begonnen werden. Tiefwasserpflanzen, wie Seerosen, versenkt man mitsamt der Pflanzkübel

Bachläufe und Wasserfälle anlegen

Gartenteich und Bachlauf aus Fertigteilen: Über zwei Bach-Elemente wird bei dieser Anordnung das Wasser in einen tiefer liegenden Fertigteich geleitet. Wenn man den künstlichen Bach als Folienrinne anlegt, empfiehlt es sich, die Folie mit Steinen zu kaschieren und den Auslauf über flache Steinplatten zu leiten

Einen ganz besonderen Reiz für den Betrachter hat Wasser, das in Bewegung ist. Ein künstlicher Bachlauf lässt sich aus Fertigteilen konstruieren.

Aus Folie oder Fertigteilen schnell gebaut

Besonders schön wirkt ein Gartenteich, wenn man ihn mit einem angelegten Bachlauf kombiniert. Der durch Pumpentechnik betriebene Wasserkreislauf vermittelt dem Betrachter den Eindruck, als würde stets frisches Quellwasser

Eine Alternative zum Wasserfall aus Steinen stellt diese Auslaufrinne aus Edelstahl dar. Das Ende der auf dem Blech liegenden Folie wird dann mit Kieseln bedeckt

in den Teich hineinfließen. So ein kleiner künstlicher Wasserfall ist jedoch nicht nur ein Blickfang, sondern er sorgt auch dafür, dass das Wasser durch den Luftkontakt mit Sauerstoff angereichert wird. Für die Anlage eines künstlichen Bachlaufs können Sie normale Teichfolie verwenden. Länge und Gefälle können Sie damit ganz individuell gestalten. Wer nicht zu viel Zeit und Arbeit investieren will, greift am besten zu Bachlauf-Elementen aus Kunststoff. Die vom Handel angebotenen Schalen lassen sich stufenweise aneinander setzen. Den unteren Schlusspunkt bildet ein kleiner Wasserfall. Unsere Bilder zeigen Ihnen verschiedene Varianten.

Ein Bachlauf aus Teichfolie

Im hier vorgestellten Beispiel sollte ein Bachlauf entstehen, der eine Verbindung zwischen dem höher gelegenen Quellteich und dem unteren Hauptteich darstellt. Bei der Hanglage des Hauses bot sich die Anlage eines Bachlaufs geradezu an. Der Bachlauf wurde aus mehreren überlappend verlegten Folienstücken geformt. An den Verbindungsstellen wurden die Teile miteinander verschweißt. Das Becken des Quellteiches musste an der Anschlussstelle für den Bachlauf ein wenig abgesenkt werden, sodass ein Überlauf entstand. Das erste Folienstück wurde dann unter die Folie des Teiches geschoben.

Bau des Bachbetts

Das erste Folienstück des Bachlaufs wird unter die Folie des oberen Quellteiches geschoben. Die Teichfolie muss die untere gut überlappen

Zum Bach hin muss man das Ufer des Quellteiches etwas absenken, sodass hier ein Überlauf entsteht. Das Wasser darf aber nicht seitlich abfließen

Schritt für Schritt wird das Bachbett von oben nach unten gegraben und modelliert. Dabei dürfen Mini-Teiche auf verschiedenen Ebenen entstehen

Dann legt man die Folie in das vorbereitete Bachbett ein und fixiert sie mit großen Steinen. Immer wieder lässt man probeweise etwas Wasser laufen

Der weitere Verlauf des Bachbetts muss nun geformt werden. Durch die Auswahl geeigneter Steine können auch kleine Wasserfälle konstruiert werden

Hier wird bereits der Anschluss an den Hauptteich vorbereitet. Das letzte Folienstück des Bachlaufes muss die Folie des großen Teiches überlappen

Das letzte Folienstück wird zugeschnitten und eingeschoben. Nach dem Schindel-Prinzip überlappen sich die Teile von oben nach unten

Im Bereich des Einlaufes in den Hauptteich wird die Bachfolie zusätzlich mit der Teichfolie verschweißt. Hierzu wird ein so genanntes Quellmittel benutzt

Der untere Teich kann nun gefüllt werden. Gleichzeitig legt man noch fehlende Steine für die Uferbefestigung aus und füllt die Flächen mit Kies

Anschließend gräbt man den Verbindungsschlauch zwischen der Pumpe im Hauptteich und dem Quellteich ein. Das Wasser probeweise fließen lassen

Aus großen Findlingen lassen sich Kaskaden formen, über die das Wasser später lebhaft plätschert. Hier muss man ausprobieren, bis die Steine passen

Zuletzt füllt man das Bachbett mit feinen Kieselsteinen, kaschiert die Folienränder und bepflanzt den Bachsaum. So entsteht ein natürliches Bild

INFO
Besandete Elemente

Wie die bereits auf Seite 44 gezeigte Steinfolie gibt es mittlerweile auch Bachlauf-Elemente, die mit Sand und feinen Kieseln beschichtet sind und sich so harmonisch einpassen. Man braucht nur noch ein paar große Kiesel für die Randgestaltung.

Beim Anlegen eines Bachlaufs ist darauf zu achten, dass das Wasser nicht seitlich herausfließen und im Erdreich versickern kann. Ist ein größeres Gefälle zu überwinden, empfiehlt es sich, stufenweise kleine Mulden anzulegen, in denen sich das Wasser sammelt und wieder etwas zur Ruhe kommt. Der Bachlauf wirkt durch solche Unterbrechungen optisch raffinierter und bildet zusätzlich einen Anziehungspunkt für Vögel. Lassen Sie, während Sie den Bachlauf anlegen, immer wieder zwischendurch Wasser hindurchlaufen, um den Fluss zu kontrollieren. Damit das Bachbett an Stabilität gewinnt, wird es nach Auslage der Folie mit Steinen ausgekleidet. Lassen Sie das Wasser unterdessen schon fließen. Auf diese Weise lassen sich Kaskaden besser gestalten. Die Folienränder verschwinden zum Schluss unter einer Lage aus Kieselsteinen.

Bachlauf im Schnitt

Die schematische Darstellung eines künstlichen Bachlaufs. Die Pumpe im unten gelegenen Hauptteich fördert das Wasser in einen höher gelegenen Quellteich

Impressum

Copyright
Genehmigte Sonderausgabe für Universo
Universo ist ein Imprint des
Karl Müller Verlages – Silag Media AG,
Liebigstr. 1, 40764 Langenfeld